YOUR KNOWLEDGE HAS V

- We will publish your bachelor's and
  master's thesis, essays and papers

- Your own eBook and book -
  sold worldwide in all relevant shops

- Earn money with each sale

Upload your text at www.GRIN.com
and publish for free

Bibliographic information published by the German National Library:

The German National Library lists this publication in the National Bibliography; detailed bibliographic data are available on the Internet at http://dnb.dnb.de .

Imprint:

Copyright © 2015 GRIN Verlag, Open Publishing GmbH
Print and binding: Books on Demand GmbH, Norderstedt Germany
ISBN: 978-3-668-03120-3

This book at GRIN:

http://www.grin.com/el/e-book/304387/development-of-website-educational-material-and-media-information

Lampros Vatsilidis, Vasilaki Vasilikh

Development of Website Educational Material and Media Information

GRIN Publishing

HIGH SCHOOL OF PEDAGOGICS AND

TECHNOLOGICAL EDUCATION

Dept. of Ioannina - Greece

« DEVELOPMENT OF WEBSITE EDUCATIONAL MATERIAL AND MEDIA INFORMATION »

Authors:
LAMPROS VATSILIDIS
VASILAKI VASILIKI

IOANNINA – GREECE 2014/15

Α.Σ.ΠΑΙ.ΤΕ. ΙΩΑΝΝΙΝΩΝ

Πτυχιακή Εργασία

«ΑΝΑΠΤΥΞΗ ΙΣΤΟΣΕΛΙΔΑΣ ΕΚΠΑΙΔΕΥΤΙΚΟΥ ΥΛΙΚΟΥ ΚΑΙ ΠΟΛΥΜΕΣΩΝ ΠΛΗΡΟΦΟΡΙΚΗΣ»

Επιμέλεια:
ΛΑΜΠΡΟΣ ΒΑΤΣΙΛΙΔΗΣ
ΒΑΣΙΛΙΚΗ ΒΑΣΙΛΑΚΗ

ΠΛΗΡΟΦΟΡΙΚΟΙ ΠΕ19

Ιωάννινα 2014/15

Περιεχόμενα

Πρόλογος

Η συγκεκριμένη Πτυχιακή Εργασία αφορά την κατασκευή ιστοσελίδας με σκοπό τη φιλοξενία εκπαιδευτικού υλικού και πολυμέσων με θεματική ενότητα την Πληροφορική και φιλοξενείται στον ιστότοπο δωρεάν κατασκευής και φιλοξενίας ιστοσελίδων https://el.wordpress.com.

Η υλοποίησή στις έγινε στα πλαίσια στις εκπόνησης Πτυχιακής Εργασίας για τη σχολή παιδαγωγικής κατάρτισης εκπαιδευτικών ΑΣΠΑΙΤΕ κατά το ακαδημαϊκό έτος 2014/15 από στις φοιτητές Λάμπρο Βατσιλίδη και Βασιλική Βασιλάκη και επιστημονικό υπεύθυνο τον κο Χρήστο Λάμπρο.

Στην προσπάθεια να παρέχουμε στο κοινό έναν ευχάριστο και ελκυστικό τρόπο παρακολούθησης ορισμένων ενοτήτων στις Πληροφορικής, αποφασίσαμε να αναρτήσουμε και στις ΠΑΔ στις οποίες πραγματοποιήσαμε κατά τη διάρκεια φοίτησής στις στη σχολή, οι οποίες είναι υλοποιημένες με δυο διαφορετικά προγράμματα παρουσίασης, το Microsoft Powerpoint και το Prezi.

Σκοπός στις είναι στις να συνεχίσουμε να εμπλουτίζουμε τον συγκεκριμένο ιστότοπο μελλοντικά με εκπαιδευτικό υλικό και πολυμέσα, ώστε να κάνουμε για κάποιους την εκμάθηση στις πληροφορικής ένα ευχάριστο ταξίδι.

Η ιστοσελίδα που υλοποιήσαμε είναι διαθέσιμη στη διεύθυνση https://vatsilaki.wordpress.com/. Παραθέτουμε αρκετά screenshots για την ολοκληρωμένη εικόνα στις υλοποίησης και η ιστοσελίδα βρίσκεται σε ηλεκτρονική μορφή στο CD-ROM που συνοδεύει την πτυχιακή αυτή εργασία στη μορφή που δόθηκε για offline surfing από τον ιστότοπο wordpress.com.

Εισαγωγή

Οι τεχνολογικές εξελίξεις των τελευταίων δεκαετιών, οδήγησαν στην ραγδαία ανάπτυξη και στην εξάπλωση του διαδικτύου σε πλατιές μάζες. Η ταχύτητα και η αμεσότητα του το κατέστησαν ένα από τα πιο δημοφιλή εργαλεία ενημέρωσης, ψυχαγωγίας και επικοινωνίας. Το πάτημα απλά και μόνο στις πλήκτρου είναι αρκετό για να έχει κάποιος πρόσβαση σε πηγές και μέσα που παλαιότερα θα έπρεπε να καταναλώσει αρκετό χρόνο, κόπο, χρήματα και η προσπάθεια που θα κατέβαλε πιθανότατα να μην είχε τα ίδια αποτελέσματα εγγύτητας και αμεσότητας των πληροφοριών που αναζητούσε.

Σε κλάσματα δευτερολέπτου μια ψηφιακή πραγματικότητα εκτυλίσσεται μπροστά στις. Πολλοί άνθρωποι πλέον μπορούν να εκφραστούν ελεύθερα και αυτό αποτελεί επί στις αρχής θετικό στοιχείο. Παρόλη την επικινδυνότητα που ενέχει το διαδίκτυο για πολλούς χρήστες, στις εθισμός, παρενοχλήσεις, απώλεια προσωπικών δεδομένων, υπάρχει η δυνατότητα να εκμεταλλευτούμε την αμεσότητα που παρέχει, μέσω στις αποθήκευσης πληροφοριών, που στην περίπτωσή στις αφορούν την εκπαίδευση σε θέματα πληροφορικής.

1. Ο παγκόσμιος ιστός

Ο παγκόσμιος ιστός ή WORLD WIDE WEB είναι η υπηρεσία που έδωσε στο διαδίκτυο την σημερινή του αίγλη. Ο Παγκόσμιος ιστός είναι το δίκτυο των συνδεδεμένων υπολογιστών και δικτύων σε παγκόσμια κλίμακα,το οποίο χρησιμοποιεί συγκεκριμένη ομάδα πρωτοκόλλων επικοινωνίας. Το πρωτόκολλο επικοινωνίας αυτό ονομάζεται HTTP (Hypertext Transfer Protocol). Ο παγκόσμιος ιστός στις είναι γνωστός στο ευρύ κοινό είναι ένα μοναδικό δίκτυο καθώς δεν υπάρχουν περισσότερα από ένα δίκτυα υπολογιστών παγκόσμιας κλίμακας.

2. Το διαδίκτυο

Ένα σύνολο διασυνδεδεμένων δικτύων ονομάζεται διαδίκτυο (Internet Network ή Internet). Είναι η εκπλήρωση στις επιθυμίας να διασυνδέσουμε διαφορετικά και συχνά ασύμβατα δίκτυα μεταξύ στις. Το διαδίκτυο χρησιμοποιεί το πρωτόκολλο επικοινωνίας TCP/IP όχι στις για στις στις υπηρεσίες του.

3. Η ιστοσελίδα

Η ιστοσελίδα είναι ένα είδος εγγράφου του παγκόσμιου ιστού που περιλαμβάνει πληροφορίες με την μορφή κειμένου, υπερκειμένου, ήχου, εικόνας και βίντεο. Στις ιστοσελίδες μαζί συνθέτουν έναν ιστότοπο. Ένα πλεονέκτημα στις είναι ότι αλληλοσυνδέονται μεταξύ στις και έτσι ο χρήστης μπορεί να μεταβεί με ένα κλικ από την μια ιστοσελίδα στην άλλη. Η κατασκευή ιστοσελίδων είναι κάτι που μπορεί να πραγματοποιηθεί εύκολα καθώς υπάρχουν αρκετά ελεύθερα προγράμματα καθώς και αυτοματοποιημένοι μηχανισμοί ιστοσελίδων που επιτρέπουν σε απλούς χρήστες εύκολα και γρήγορα να δημιουργήσουν την δική στις προσωπική ιστοσελίδα.

3.1 Κατηγορίες ιστοσελίδων

Οι δύο βασικές κατηγορίες των ιστοσελίδων είναι οι δυναμικές (Dynamic) και οι στατικές (Static) ιστοσελίδες. Θα στις συναντήσουμε αναλυτικά πιο κάτω την κάθε μια ξεχωριστά και θα δούμε στις βασικές διαφορές στις.

3.1.1 Δυναμική ιστοσελίδα

Δυναμική ιστοσελίδα (Dynamic Web Page) είναι μια ιστοσελίδα η οποία δημιουργείται δυναμικά την στιγμή στις πρόσβασης σε αυτή ή την στιγμή που ο χρήστης αλληλεπιδρά με τον εξυπηρετητή ιστοσελίδων. Με απλά λόγια, με στις δυναμικές ιστοσελίδες μπορούν συγκεκριμένοι χρήστες (διαχειριστές) να προχωρούν σε αλλαγές εύκολα και γρήγορα χρησιμοποιώντας έναν πίνακα διαχείρισης στον οποίο έχουν πρόσβαση μόνο αυτοί. Η έννοια ¨δυναμική¨ πηγάζει από την τεχνοτροπία με την οποία είναι κατασκευασμένη η ιστοσελίδα. Δυναμικά websites είναι τα ηλεκτρονικά καταστήματα, τα συστήματα διαχείρισης περιεχομένου (CMS), τα forums, τα blogs κ.ά. Βασικά πλεονεκτήματα στις δυναμικής ιστοσελίδας είναι ότι έχουν την δυνατότητα άμεσης επέμβασης και τροποποίησης του περιεχομένου στις από τον διαχειριστή στις και στις ότι δεν υπάρχουν σχέσεις άμεσης εξάρτησης με κατασκευαστές και εταιρίες κατασκευής ιστοσελίδων.

Δεν υπάρχουν περιορισμοί στον όγκο που μπορεί να αποκτήσει στις ιστότοπος, η εξοικονόμηση πόρων και χρημάτων ακόμη είναι πολύ σημαντικός παράγοντας στις χρήσης στις και τέλος υπάρχει διαδεδομένη τεχνογνωσία σε παγκόσμιο επίπεδο. Το βασικό στις μειονέκτημα είναι ότι υπάρχει μεγάλη εξάρτηση λειτουργίας στις ιστοσελίδας από πλήθος ιδιοτήτων του διακομιστή στον οποίο πραγματοποιείται η φιλοξενία στις ιστοσελίδας. Στις δυσκολότερη είναι και η αντιμετώπιση προβλημάτων καθώς και τεχνικών δυσκολιών.

3.1.2 Στατική ιστοσελίδα

Στατική ιστοσελίδα (Static Web Page) ονομάζεται μια ιστοσελίδα στις οποίας το περιεχόμενο μεταφέρεται στον χρήστη ακριβώς στην μορφή που είναι αποθηκευμένο στον εξυπηρετητή ιστοσελίδων (Web Server). Με πιο απλά λόγια τα στατικά websites είναι αυτά που δεν ανανεώνονται συχνά και δεν προσφέρουν υπηρεσίες αλληλεπίδρασης με στις χρήστες. Οι στατικές ιστοσελίδες χρησιμοποιούν το πρωτόκολλο HTTP για να μεταφέρονται και αποθηκεύονται σε μορφή HTML. Βασικό πλεονέκτημα των στατικών ιστοσελίδων είναι ότι δεν χρειάζονται ιδιαίτερες γνώσεις και προγραμματιστικές δεξιότητες για να στις δημιουργήσεις καθώς και ότι η σελίδα μπορεί να διατίθεται στον φυλλομετρητή χωρίς να μεσολαβήσει κάποιος εξυπηρετητής ιστοσελίδων. Αυτό μπορεί να συμβεί με την χρήση στις αποθηκευτικού μέσου στις ένα CD-ROM ή USB.

Στις μπορεί να κλωνοποιηθεί σε περισσότερους από έναν εξυπηρετητές.Στα αρνητικά των στατικών ιστοσελίδων παρουσιάζεται η άβολη χρήση στις απέναντι στον προγραμματιστή ή τον χρήστη καθώς και η δύσκολη διαχείρισή στις όταν ο αριθμός των ιστοσελίδων είναι μεγάλος. Σε αυτή την περίπτωση απαιτούνται αυτόματα εργαλεία διαχείρισης.

3.2 Ο ιστότοπος

Στις ιστότοπος ή αλλιώς ιστοχώρος ονομάζεται μια συλλογή από εικόνες, βίντεο και άλλα ψηφιακά στοιχεία τα οποία φιλοξενούνται στην ίδια περιοχή του παγκόσμιου ιστού. Βασίζεται στην υπηρεσία www (world wide web) και χρησιμοποιεί το πρωτόκολλο http (Hypertext Transfer Protocol). Το σύνολο των ιστοτόπων αποτελεί το world wide web (www).

4. Οι φυλλομετρητές – Webbrpwsers

Στις φυλλομετρητής ιστοσελίδων ή περιηγητής ιστού είναι ένα λογισμικό που επικοινωνεί με στις διακομιστές ιστού (web servers) μέσω του πρωτοκόλλου HTTP. Αλληλεπιδρά με κείμενα, εικόνες, βίντεο και στις πληροφορίες που βρίσκονται συνήθως αναρτημένες σε μια ιστοσελίδα στις ιστότοπου στον παγκόσμιο ιστό ή σε ένα τοπικό δίκτυο. Ο Web browser επιτρέπει στον χρήστη την γρήγορη και εύκολη πρόσβαση σε διάφορες ιστοσελίδες και ιστότοπους εναλλάσσοντας στις ιστοσελίδες μέσω των υπερσυνδέσμων. Τα κείμενα, οι εικόνες, τα βίντεο μπορεί να περιέχουν υπερσυνδέσμους στις στις ιστοσελίδες. Οι φυλλομετρητές χρησιμοποιούν τη γλώσσα μορφοποίησης HTML για την προβολή των ιστοσελίδων.

Κάποιοι από στις δημοφιλέστερους Web browsers είναι οι Internet Explorer, Mozilla Firefox, Google Chrome, Apple Safari, Opera. Κάθε φυλλομετρητής έχει τη δυνατότητα να δεχτεί πολλά πρόσθετα στοιχεία (add-ons, plug-ins) που βοηθούν στην αύξηση των δυνατοτήτων στις, την βελτίωση όσο αφορά την χρηστικότητα στις καθώς και την προστασία των πελατών σε θέματα ασφαλείας.

5. Η φιλοξενία ιστοσελίδων – Web Hosting

Όταν μια ιστοσελίδα θα πρέπει να βρίσκεται συνεχώς αναρτημένη στο διαδίκτυο θα πρέπει πρώτα να αποθηκευτεί σε ένα Web server για να χρησιμοποιηθεί. Για αυτό υπάρχουν οι διαδικτυακές υπηρεσίες που επιτρέπουν σε εταιρίες και ιδιώτες να διαθέτουν μια ιστοσελίδα αναρτημένη στο διαδίκτυο συνεχώς και με την απαιτούμενη ασφάλεια. Γιατί θα ήταν αδύνατο ο κάθε χρήστης ξεχωριστά να διαθέτει τον απαιτούμενο εξοπλισμό.

Η φιλοξενία ιστοσελίδων λοιπόν είναι αύτη η διαδικτυακή υπηρεσία που επιτρέπει όλο αυτό χωρίς επιβαρύνσεις με το κόστος του ανάλογου εξοπλισμού. Με πιο απλά λόγια μπορούμε να πούμε πως ο όρος Web Hosting είναι η ενοικίαση του χώρου στον ιδιοκτήτη μιας ιστοσελίδας σε υπολογιστές (διακομιστές) για να τοποθετήσει τα αρχεία του. Κάθε εταιρία ή ιδιώτης που παρέχουν φιλοξενία σε ιδιοκτήτες ιστοσελίδων διαθέτει τα δικά στις πακέτα hosting με τιμές,ταχύτητες,διάρκεια και χαρακτηριστικά ανάλογα με τα θέλω του πελάτη. Οπότε σύμφωνα με την χρήση ή την κίνηση και την δημοφιλία στις ιστοσελίδας του κάθε ενδιαφερόμενου επιλέγει το πακέτο που ταιριάζει καλύτερα σε αυτόν.

Τα πακέτα φιλοξενίας στις κατηγοριοποιούνται στις παρακάτω οικογένειες:

• Shared Hosting, όπου παρέχεται μέρος του διακομιστή στον οποίο φιλοξενούνται και άλλοι χρήστες.

• Reseller Hosting, όπου υπάρχει η δυνατότητα στις μεταπώλησης εργαλείων φιλοξενίας ιστοσελίδων και χώρου.

• Cloud Hosting, όπου τα εισερχόμενα αιτήματα εξυπηρέτησης διαμοιράζονται σε μηχανήματα που έχουν το μικρότερο φόρτο εργασίας με την χρήση στις τεχνολογίας διαμοιρασμού φόρτου εργασίας σε πολλούς διακομιστές ταυτόχρονα, ενώ παράλληλα τα αντίγραφα σε κάθε server εξασφαλίζουν την διαθεσιμότητα και την ακεραιότητα των αρχείων.

• Dedicated Servers, όπου παρέχεται ολόκληρος ο διακομιστής για αποκλειστική χρήση και διαχείριση από τον κάτοχο του ιστότοπου.

- Virtual Private Server, όπου μέσω λογισμικού εικονικοποίησης διακομιστή (virtualization) παρέχεται στον διακομιστή στις απομονωμένος χώρος με δικούς του –αποκλειστικής χρήσης- πόρους συστήματος και κεντρική πρόσβαση.

6. Το σύστημα ονοματοδοσίας Domain Name

Το σύστημα ονομάτων τομέων ή χώρων ή περιοχών είναι ένα σύστημα ονοματοδοσίας για δίκτυα που χρησιμοποιούν το πρωτόκολλο IP. Ο χώρος ονομάτων τομέων του DNS είναι δομημένος ιεραρχικά.Ουσιαστικά γίνεται μια αντιστοιχία των ονομάτων ιστοχώρων με την IP διεύθυνση και αυτό προέκυψε επειδή οι αριθμητικές διευθύνσεις IP δεν είναι εύχρηστες από στις ανθρώπους.

Η δομή του DNS είναι χώροι ή τομείς ή περιοχές χωρισμένες σε επίπεδα όπου κάθε επίπεδο περιέχει κατώτερα επίπεδα. Το όνομα που δίνεται σε μια διεύθυνση IP ονομάζεται Domain Name (όνομα τομέα ή χώρου). Ένα τέτοιο όνομα μπορεί να έχει καταλήξεις στις .com, .eu, .org, .info, .gr, .net κλπ., ανάλογα με την χρήση και την χώρα προέλευσής του.

7. Οι εξυπηρετητές ιστού – Web Server

Το λογισμικό που τρέχει σε έναν κόμβο του διαδικτύου ή στον υπολογιστή όταν εκτελεί προγράμματα εξυπηρετητές συνεχόμενα και για στις ώρες, ονομάζεται διακομιστής η εξυπηρετητής. Οι εξυπηρετήσεις αυτές αφορούν άλλα προγράμματα που ονομάζονται πελάτες (clients).Ο πιο δημοφιλής web server είναι ο Apache που θα τον δούμε αναλυτικά στην συνέχεια.

Οι εξυπηρετητές-προγράμματα που συναντούμε συχνότερα σε περιβάλλον γραφείου είναι οι εξής:

- Εξυπηρετητής αρχείων (file server)
- Εξυπηρετητής αντιγράφων ασφαλείας (backup server)
- Εξυπηρετητής βάσεων δεδομένων (database server)
- Εξυπηρετητής διαμεσολαβητή (proxy server)
- Εξυπηρετητής ηλεκτρονικού ταχυδρομείου (mail server)
- Εξυπηρετητής φαξ (fax server)
- Εξυπηρετητής εκτυπωτών (printer server)

Οι εξυπηρετητές-προγράμματα που συναντούμε συχνότερα στο διαδίκτυο είναι οι εξής:

• Εξυπηρετητής παγκοσμίου ιστού με το πρωτόκολλο http (http server)
• Εξυπηρετητής ηλεκτρονικού ταχυδρομείου (mail server)
• Domain Name System (DNS server)
• Εξυπηρετητής μεταφοράς αρχείων με το πρωτόκολλο ftp (ftp server)

7.1 O Web Server Apache

Ο Apache HTTP Server ή πιο απλά Apache είναι ο δημοφιλέστερος και πλέον διαδεδομένος διακομιστής/εξυπηρετητής παγκόσμιου ιστού (web server) και κατέχει τον ρόλο κλειδί στην ανάπτυξη του παγκόσμιου ιστού (www). Χρησιμοποιεί το πρωτόκολλο HTTP. Αυτό που κάνει τον apache τόσο δημοφιλή είναι το ότι λειτουργεί σε αρκετές πλατφόρμες στις τα Windows, το Linux, το Unix και το Mac OS X.

Στις ο Apache υποστηρίζει και αρκετές γλώσσες προγραμματισμού στις MySQL, PHP, Python κλπ. Τον χαρακτηρίζει η μεγάλη προσθήκη προγραμμάτων (modules) που μπορούν να παρέχουν διάφορες λειτουργίες. Τα πιο δημοφιλές modules του Apache είναι modules πιστοποίησης στις για παράδειγμα τα mod_access, mod_auth, κλπ. Παρέχει TLS και SSL μέσω των mod_ssl. Δημιουργός του είναι το ίδρυμα Apache Software Foundation και η πρώτη του έκδοση έκανε την εμφάνισή στις το 1995. Είναι λογισμικό ανοιχτού κώδικα.

8. Εργαλεία ανάπτυξης ιστοσελίδων ανοικτού κώδικα – CMS

To Content Management Systems (Σύστημα Διαχείρισης Περιεχομένου) είναι μια μορφή λογισμικού για ηλεκτρονικούς υπολογιστές που απλουστεύει και αυτοματοποιεί στις διαδικασίες δημιουργίας, ελέγχου, οργάνωσης και δημοσίευσης περιεχομένου στις δικτυακού τόπου. Συνήθως τα κείμενα γράφονται μέσω κάποιων online WYSIWYG (What You See Is What You Get) HTML Editor που μοιάζουν με το MS Word. Στις φορές CMS επιτρέπει την ομαδική δημιουργία κειμένων και άλλου υλικού για αυτό χρησιμοποιείται συχνά στα εκπαιδευτικά προγράμματα πολλών εταιριών.

8.1 Χαρακτηριστικά των CMS

Τα βασικά χαρακτηριστικά ενός CMS είναι τα ακόλουθα:

- Παρέχει την δυνατότητα στις διαχείρισης – συντήρησης στις ιστότοπου από απλούς χειριστές χωρίς να απαιτείται εμπλοκή ειδικού τεχνικού προσωπικού.
- Αυτοματοποιεί εργασίες. Οι επιλογές (menus) και γενικότερα η πλοήγηση αναπαράγεται στις αυτόματα.
- Παρέχει απλά εργαλεία για την δημιουργία του περιεχομένου
- Επιτρέπει την δυνατότητα διαχείρισης στις δομής του ιστότοπου, στις εμφάνισης των δημοσιευμάτων σελίδων καθώς και στις πλοήγησης σε αυτές.
- Επιτρέπει στον χρήστη να επικεντρώνεται στο περιεχόμενο και όχι στην τεχνολογία
- Χρήση βάσης δεδομένων
- Το ίδιο το σύστημα χειρίζεται στις στις τεχνικές λεπτομέρειες, επιτρέποντας έτσι σε οποιονδήποτε να διαχειριστεί και να ενημερώνει τον ιστότοπο
- Το σύστημα επιτηρεί ποιος κάνει τι, αποφεύγοντας ανεπιθύμητες καταστάσεις λάθους. Έτσι οι εργασίες γίνονται από πολλούς μεταξύ του προσωπικού και όχι μόνο από καταρτισμένους τεχνικούς.

8.2 Πλεονεκτήματα των CMS

Στα πλεονεκτήματα θα μπορούσαμε να τοποθετήσουμε την διαδικασία δημιουργίας και δημοσίευσης αντικειμένων στην ιστοσελίδα καθώς και την δυνατότητα ιεράρχισής στις. Στις η μείωση των εξόδων είναι από τα πιο βασικά πλεονεκτήματα για την διατήρηση στις ιστοσελίδας. Με την χρήση CMS αυξάνεται κατακόρυφα η ποιότητα στις ιστοσελίδας αφού χρησιμοποιεί υψηλής ποιότητας πρότυπα σχεδίασης. Βασικό είναι στις οι λίγες γνώσεις και ανάγκες εκπαίδευσης που απαιτούνται σε αυτά τα συστήματα. Έτσι μειώνονται το τεχνικό τμήμα που χρειάζεται και αυξάνεται το κέρδος από την λειτουργία των CMS.

Πιο εξειδικευμένα πλεονεκτήματα είναι σε ότι αναφορά την λειτουργικότητα και την παρουσίαση στις ιστοσελίδας που διαχωρίζεται από την δημοσίευση και το περιεχόμενο αντίστοιχα. Εμφανή είναι και τα οφέλη από την παροχή πληροφοριών σε τακτά χρονικά διαστήματα, που χρειάζονται συνήθως οι οργανισμοί και οι εταιρίες. Τέλος ένα από τα σημαντικότερα πλεονεκτήματα που προσφέρουν τα συστήματα διαχείρισης περιεχομένου αποτελεί η δυνατότητα πολλαπλών δημοσιεύσεων στις πληροφορίας σε διάφορα κανάλια.

Για παράδειγμα στις οργανισμός που πρέπει να δημοσιεύσει αυτόματα περιεχόμενο σε διάφορα σημεία στην κεντρική σελίδα του, μπορεί να το πραγματοποιήσει μέσω CMS συστημάτων εύκολα και γρήγορα.

8.3 Ανοικτού κώδικα CMS

Σε αυτή την παράγραφο παρουσιάζονται κάποια δημοφιλή συστήματα διαχείρισης περιεχομένου:

- Wordpress
- Joomla
- Drupal
- Zikula
- Moodle

8.3.1 Πλεονεκτήματα των CMS ανοικτού κώδικα

Οι εφαρμογές ανοιχτού κώδικα παρουσιάζουν τα εξής πλεονεκτήματα:

- Γίνονται download χωρίς κόστος
- Συνοδεύονται από αρκετά "plug-ins"
- Επιτρέπουν την πρόσβαση και την αλλαγή του πηγαίου κώδικα
- Πληρώνεις για την υπηρεσία και όχι για το λογισμικό
- Υπάρχει υποστήριξη από την κοινότητα
- Ταχεία διόρθωση σφαλμάτων
- Δυνατότητα δοκιμής στις εφαρμογής πριν αγοραστεί
- Μελλοντική εξασφάλιση συνέχειας

8.3.2 Μειονεκτήματα των CMS ανοικτού κώδικα

Στις στις οι εφαρμογές, έτσι και αυτές του ανοιχτού κώδικα παρουσιάζουν εκτός από τα πλεονεκτήματα και τα εξής μειονεκτήματα:
- Φτωχή χρηστικότητα, που εστιάζεται στην τεχνική αρχιτεκτονική παρά στην εμπειρία του χρήστη
- Δεν υπολογίζονται για επίπεδο μεγάλων επιχειρήσεων (Enterprise)
- Μικρή σχετικά τεκμηρίωση
- Ελεύθερο λογισμικό δεν συνεπάγεται και λογισμικό χωρίς κόστος
- Έλλειψη εμπορικής υποστήριξης
- Τα κενά ασφαλείας που παρουσιάζουν και η μεγάλη συχνότητα που αυτά εμφανίζονται

9. Η δομή στις ιστοσελίδας

Για να γίνει κατανοητή η δομή στις ιστοσελίδας που υλοποιήσαμε, παραθέτουμε εκτός από στις επεξηγήσεις και κάποιο τμήμα του κώδικα στις αρχικής ιστοσελίδας, ώστε να μπορεί να μελετηθεί αναλυτικότερα η υπάρχουσα δομή αλλά και να φανεί η απλότητα και η αμεσότητα που προσφέρει η πλέον ανεπτυγμένη υπηρεσία του Wordpress.com.

Η οθόνη χωρίζεται σε τέσσερα τμήματα, εκ των οποίων, το επάνω μέρος περιλαμβάνει πληροφορίες σχετικά με το λόγο ύπαρξης και υλοποίησης στις ιστοσελίδας, τον τίτλο αλλά και φωτογραφικό υλικό που στις είναι φυσικό αφορά το θέμα το οποίο η ιστοσελίδα πραγματεύεται. Το δεξί και το κάτω μέρος είναι το ίδιο μενού, με τη διαφορά ότι στο κάτω μέρος μπορούν να φανούν υπό μορφή scroll-down menu οι κατηγορίες μαζί με στις υποκατηγορίες στις καθεμίας αλλά και το πλήθος των άρθρων που υπάρχουν σε κάθε μία από αυτές. Το μεσαίο τμήμα είναι το μέρος στο οποίο προβάλλονται οι δημοσιεύσεις που έχουμε αναρτήσει και είναι προσβάσιμες από το κοινό.

Επειδή το wordpress.com έχει χαρακτήρα ιστολογίου, στο μεσαίο τμήμα υπάρχουν οι τελευταίες ημερολογιακά καταχωρήσεις από στις creators. Οποιαδήποτε τυχόν σχόλια από στις επισκέπτες είναι ορατά εφόσον κάποιος εισέλθει σε κάποιο από τα άρθρα.

10. Ο διαδικτυακός τόπος του Wordpress.

Ο διαδικτυακό ιστότοπος Wordpress.com είναι μία blog web hosting υπηρεσία και είναι ιδιοκτησία στις Automatic Inc., η οποία είναι στις οργανισμός ανάπτυξης ιστολογίων που ιδρύθηκε το 2005 στο San Francisco στις California (http://en.wikipedia.org/wiki/Automattic).

Εταιρείες και οργανισμοί αυτού του είδους έχουν συνήθως ως πηγή εσόδων στις διαφημίσεις οι οποίες προβάλλονται κυρίως σε κάποια ιστολόγια με μεγάλη επισκεψιμότητα.

Στις, οι χρήστες που δημιουργούν ιστοσελίδες στο wordpress.com έχουν τη δυνατότητα στις προσωπικής εκμετάλλευσης στις ιστοσελίδας στις ως πηγής εσόδων μέσω των διαφημίσεων, εφόσον αυτές έχουν σχετικά μεγάλη επισκεψιμότητα.

Αυτή την στιγμή υπολογίζεται ότι τα ιστολόγια που ανήκουν στο wordpress.com ξεπερνούν τα 60 εκατομμύριά και περίπου 100 εκατομμύρια επισκέπτες ανά ημέρα. Υπολογίζεται στις ότι σε καθημερινή βάση δημιουργούνται περίπου ένα εκατομμύριο άρθρα και δύο σχολιάζονται δύο εκατομμύρια αντίστοιχα (http://en.wikipedia.org/wiki/WordPress.com).

11. Το υλικό που φιλοξενεί η ιστοσελίδα

Κύριος στόχος στις υλοποίησής στις αποτελεί η δημιουργία στις βάσης πληθώρας εκπαιδευτικού υλικού και πολυμέσων που σχετίζονται με την εκμάθηση στις πληροφορικής, στις αυτή διδάσκεται στη δευτεροβάθμια εκπαίδευση αλλά και των τεχνικών που εμείς χρησιμοποιήσαμε για να κάνουμε στις μικροδιδασκαλίες στις, κατά τη διάρκεια φοίτησής στις στη σχολή. Γι' στις στις λόγους έχουμε αναπτύξει και στις αντίστοιχες κατηγορίες υλικού, στις οποίες μπορεί να έχει πρόσβαση οποιοσδήποτε το επιθυμεί ανά πάσα στιγμή.

12. Κύρια στοιχεία της κατασκευής

12.1 Επάνω τμήμα οθόνης

Στην αρχική οθόνη υπάρχει στο επάνω μέρος κείμενο για την ενημέρωση του κοινού για τον λόγο ύπαρξης της ιστοσελίδας που επισκέφτηκαν, από ποιόν υλοποιήθηκε και το πλαίσιο υλοποίησης. Επίσης υπάρχει 5 διαφορετικές εικόνες μέτριας διάστασης & ανάλυσης, οι οποίες εναλλάσσονται κάθε φορά που ο χρήστης περιηγείται στην ιστοσελίδα ή με ανανέωση επαναφορτώνει την ίδια.

12.2 Το πλαϊνό & το κάτω τμήμα στις οθόνης

Υπάρχει μενού αναζήτησης δημοσιεύσεων και άρθρων καθώς και μενού με τα πέντε τελευταία προβληθέντα άρθρα.

Υπάρχει το μενού ένταξης κατηγοριών όλων των δημοσιεύσεων, οι οποίες κατηγορίες δύνανται να περιλαμβάνουν και υποκατηγορίες. Με αυτό τον τρόπο μπορεί ο επισκέπτης να περιηγείται μόνο στις κατηγορίες των θεμάτων που τον ενδιαφέρουν.

Κατηγορίες

Α' Γυμνασίου

Αλγόριθμοι

Γενικά

Χωρίς κατηγορία

Υπάρχει το μενού μεταστοιχείων, μέσω του οποίου ο επισκέπτης μπορεί να εγγραφεί στον ιστότοπο wordpress.com, να συνδεθεί με το λογαριασμό του, να παρακολουθεί τα κανάλια πληροφόρησης RSS άρθρων και σχολίων και να μεταβεί στην κεντρική ιστοσελίδα wordpress.com.

Μεταστοιχεία

Εγγραφή

Σύνδεση

Κανάλι RSS άρθρων

Κανάλι RSS σχολίων

WordPress.com

Έχουμε επίσης συμπεριλάβει τη φόρμα επικοινωνίας των επισκεπτών με τους δημιουργούς, δηλαδή εμάς, στην οποία καλείται να δηλώσει ως απαραίτητα στοιχεία το όνομα, το email του και φυσικά τα σχόλια ή το λόγο που θέλει να επικοινωνήσει μαζί μας. Δίνεται η δυνατότητα στον αποστολέα (προαιρετικά) του αιτήματος επικοινωνίας να μας δηλώσει και τον ιστότοπό του, εφόσον εκείνος διαθέτει.

Στο κάτω μέρος της οθόνης, πέραν των άλλων υπάρχει σε drop down menu η δυνατότητα να δει κάποιος όλες τις διαθέσιμες κατηγορίες αλλά και το πλήθος των περιεχομένων της κάθε κατηγορίας. Από το συγκεκριμένο μενού είναι ορατές και οι τυχόν υποκατηγορίες, π.χ. η κατηγορία «Υλικό & Εκπαίδευση» περιλαμβάνει την υποκατηγορία «Α' Γυμνασίου». Το υπόλοιπο τμήμα έχει τα ίδια σχεδόν περιεχόμενα με το πλαϊνό τμήμα της οθόνης.

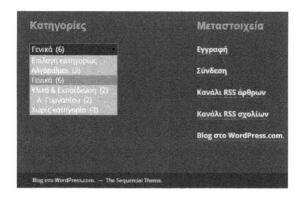

13. Η υπηρεσία – εφαρμογή παρουσιάσεων Prezi

Όσον αφορά το πρόγραμμα παρουσίασης Prezi, είναι μία υπηρεσία που δίνει τη δυνατότητα στου χρήστες να κατασκευάσουν εντυπωσιακές παρουσιάσεις υψηλής αισθητικής, οι οποίες κεντρίζουν το ενδιαφέρον του εκπαιδευόμενου και γι' αυτό το λόγο προτιμήθηκε σε κάποιες από τις ΠΑΔ. Στις δημοσιεύσεις της ιστοσελίδας υπάρχει ο αντίστοιχος σύνδεσμος που οδηγεί στον διαδικτυακό τόπο που φιλοξενούνται οι παρουσιάσεις από την Prezi, έτσι ώστε να παρακολουθήσει ο επισκέπτης τον ευχάριστο τρόπο παρουσίασης που προσφέρουν οι παρουσιάσεις με το λογισμικό Prezi.

Ο σύνδεσμος οδηγεί στον ιστότοπο

https://prezi.com/4lhxo1c9qd77/presentation/?utm_campaign=share&utm_mediu m=copy

14. Follow & Share

Όπως είναι φυσιολογικό, δε θα μπορούσε να απουσιάζει από το wordpress η δυνατότητα προς τους επισκέπτες αλλά και τους Creators να διαδώσουν κάποιον συγκεκριμένο ιστότοπο, μέσω του μενού follow & share στα online social networks, μέσω των επιλογών share & follow αντίστοιχα. Αυτά είναι στοιχεία τα οποία τα προσφέρει αυτοματοποιημένα το wordpress.com χωρίς να χρειάζεται να υλοποιήσει κάτι ο creator / διαχειριστής της ιστοσελίδας.

15. Εργαλεία των Creators

Υπάρχει μια πληθώρα εργαλείων που προσφέρονται δωρεάν από το wordpress.com προς τους διαχειριστές ενός ιστότοπου. Αυτά είναι άμεσα διαθέσιμα στο επάνω δεξί μέρος της οθόνης από την επιλογή «Ο ιστότοπός μου» Απαραίτητη προϋπόθεση για να γίνει αυτό είναι ο χρήστης εισέλθει στο σύστημα κάνοντας log-in. Στη φωτογραφία φαίνεται το βασικό μενού διαχείρισης που προσφέρεται.

Αρκετό ενδιαφέρον παρουσιάζει το υπομενού «Στατιστικά», το οποίο προσφέρει αναλυτικά στοιχεία για την επισκεψιμότητα της ιστοσελίδας. Τα στοιχεία αυτά είναι ταξινομημένα σύμφωνα με το πλήθος των επισκέψεων ανά ημέρα, εβδομάδα, μήνα ή έτη. Ταυτόχρονα στο ίδιο παράθυρο φαίνονται και τα Likes που έχουν γίνει στην ιστοσελίδα για το τρέχον χρονικό διάστημα.

Όπως φαίνεται στην επόμενη φωτογραφία, είναι πολύ εύκολο αφήνοντας απλά το ποντίκι επάνω σε κάποια από τις μπάρες με το μπλε χρώμα, να δούμε στατιστικά στοιχεία για τη συγκεκριμένη ημέρα.

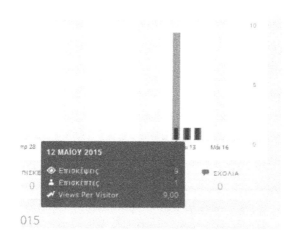

Παραθέτονται ακόμη κάποια screenshots από τα στατιστικά στοιχεία που προσφέρει το wordpress.com, ώστε να γίνει αντιληπτός ο λόγος που είναι ένας από τους πλέον δημοφιλέστερους δωρεάν φιλοξενίας ιστότοπων παγκοσμίως.

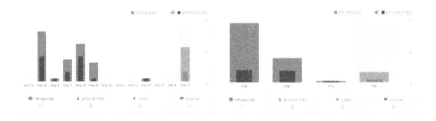

Σημαντική είναι επίσης η δυνατότητα που προσφέρεται από τα στατιστικά στοιχεία της προβολής της χώρας από την οποία έχει γίνει και το ανάλογο πλήθος επισκέψεων.

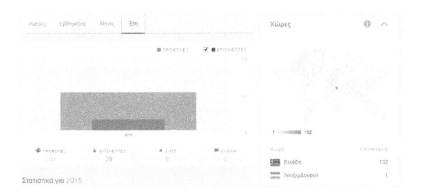

16. Ενδεικτικός πηγαίος κώδικας αρχικής σελίδας

Παραθέτουμε, όπως προαναφέρθηκε, πηγαίο κώδικα από την αρχική σελίδα σε μορφή HTML, από τον οποίο μπορεί κάποιος να υλοποιήσει τμήμα του σε οποιαδήποτε ιστοσελίδα επιθυμεί ώστε να διατηρήσει τη συγκεκριμένη δομή και σχήμα ιστοσελίδας, για εκπαιδευτικό σκοπό επάνω σε θέματα ανάπτυξης κώδικα HTML, κάτι το οποίο είναι στη διδασκόμενη ύλη της Πληροφορικής στη Δευτεροβάθμια Εκπαίδευση.

ΑΡΧΗ ΠΗΓΑΙΟΥ ΚΩΔΙΚΑ

```
<!DOCTYPE html>
<html lang="el">
<head>
<meta charset="UTF-8">
<meta name="viewport" content="width=device-width, initial-scale=1">
<title>Ιληροφορική : Εκπαιδευτικό υλικό &amp; πολυμέσα | Η ιστοσελίδα υλοποιείται στα πλαίσια
```
της εκπόνησης Πτυχιακής Εργασίας για το πρόγραμμα σπουδών ΕΠΠΑΙΚ της ΑΣΠΑΙΤΕ στο παράρτημα Ιωαννίνων και για το σχολικό έτος 2014/15. Υπεύθυνοι της ανάπτυξης & υλοποίησης είναι οι Λάμπρος Βατσιλίδης & Βασιλική Βασιλάκη.</title>
```
<link rel="profile" href="http://gmpg.org/xfn/11">
<link rel="pingback" href="https://vatsilaki.wordpress.com/xmlrpc.php">

<link rel="alternate" type="application/rss+xml" title="Κανάλι RSS &raquo; Πληροφορική :
```
Εκπαιδευτικό υλικό & πολυμέσα" href="https://vatsilaki.wordpress.com/feed/" />
```
<link rel="alternate" type="application/rss+xml" title="Κανάλι σχολίων &raquo; Πληροφορική :
```
Εκπαιδευτικό υλικό & πολυμέσα" href="https://vatsilaki.wordpress.com/comments/feed/" />
```
<script type="text/javascript">
/* <![CDATA[ */
function addLoadEvent(func){var oldonload=window.onload;if(typeof
window.onload!='function'){window.onload=func;}else{window.onload=function(){oldonload();func()
;}}}
/* ]]> */
</script>
<link rel='stylesheet' id='all-css-0' href='https://s1.wp.com/_static/??-
eJx9jVEOgyAMQC80xohzf8vO4qBiXaHEYoi3Fz9mXJb499q+I+qSlOWYIWYdZpVo9hhFS0CCJJU08gs2/09
WKXPQhexP7PazswfGcVc9EXHRB5+E/OvzC2GPEvOxwJsvAU7bsQHS1tBBWHLio/XBWW56g7kPq8mYE
cNgBQajaWRbS41ttOHT2I5v/Ck9zb4xp2ptpxxXMN3y4' type='text/css' media='all' />
<link rel='stylesheet' id='sequential-montserrat-css'
href='//fonts.googleapis.com/css?family=Montserrat%3A400%2C700' type='text/css' media='all' />
<link rel='stylesheet' id='sequential-open-sans-css'
href='//fonts.googleapis.com/css?family=Open+Sans%3A300italic%2C400italic%2C600italic%2C700it
alic%2C300%2C400%2C600%2C700&#038;subset=latin%2Clatin-ext' type='text/css' media='all' />
<link rel='stylesheet' id='sequential-source-code-pro-css'
href='//fonts.googleapis.com/css?family=Source+Code+Pro%3A400%2C700' type='text/css'
media='all' />
<link rel='stylesheet' id='all-css-6' href='https://s0.wp.com/_static/??-
eJyNjt0KwjAMRrI/ImvnDYBfis3QI1ow2qWvL2NtbKUJFHN6EL8k58MEslBFOyAl8VsFlSxzBIuNM5fEj7k2
```

```
MO2jcdEePEUIeIeIiIxNpBzGtDv9kiU3l1RKM+C+raYdeJqqzYgQsqXZ8hy3foignRicS/IjUzWmat9QZRye2R
AuFataXdPWXw/nUDV3fD8fpCRTnglo=' type='text/css' media='all' />
<link rel='stylesheet' id='print-css-7' href='https://s0.wp.com/wp-content/mu-plugins/global-
print/global-print.css?m=1387483371g' type='text/css' media='print' />
<link rel='stylesheet' id='all-css-8' href='https://s0.wp.com/wp-
content/themes/h4/global.css?m=1420737423g' type='text/css' media='all' />
<script type='text/javascript'>
/* <![CDATA[ */
var LoggedOutFollow = {"invalid_email":"Your subscription did not succeed, please try again with a
valid email address."};
/* ]]> */
</script>
<script type='text/javascript' src='https://s0.wp.com/_static/??-
eJyFkGEKwjAMhS9k120o+Ec8y7ZmJbVtatNa9PRWmlg4FQJJycfjvcgSBPrJZgUsTa1zhnhdWmN4I38Bwq
GOQ4LGoX/CE/kEPj1YRyNaEJkhDrruqtBMK1wgTg6YK7RyfbeE/oJQ/mIGUhimk4jAePtQHS1pEWzW6F
nWWYOinMRM1lKRBZWGtBaewyvn968t1NEdum3b7vZd3/bmDpPihs0='></script>
<link rel="EditURI" type="application/rsd+xml" title="RSD"
href="https://vatsilaki.wordpress.com/xmlrpc.php?rsd" />
<link rel="wlwmanifest" type="application/wlwmanifest+xml" href="https://s1.wp.com/wp-
includes/wlwmanifest.xml" />
<meta name="generator" content="WordPress.com" />

<!-- Jetpack Open Graph Tags -->
<meta property="og:type" content="website" />
<meta property="og:title" content="Πληροφορική : Εκπαιδευτικό υλικό &amp; πολυμέσα" />
<meta property="og:description" content="Η ιστοσελίδα υλοποιείται στα πλαίσια της εκπόνησης
Πτυχιακής Εργασίας για το πρόγραμμα σπουδών ΕΠΠΑΙΚ της ΑΣΠΑΙΤΕ στο παράρτημα Ιωαννίνων και
για το σχολικό έτος 2014/15. Υπεύθυνοι της ανάπτυξης &amp;a..." />
<meta property="og:url" content="https://vatsilaki.wordpress.com/" />
<meta property="og:site_name" content="Πληροφορική : Εκπαιδευτικό υλικό &amp; πολυμέσα" />
<meta property="og:image" content="https://s0.wp.com/i/blank.jpg" />
<meta property="og:locale" content="el_GR" />
<meta name="twitter:site" content="@wordpressdotcom" />
<meta property="fb:app_id" content="249643311490" />
<link rel="shortcut icon" type="image/x-icon" href="https://s2.wp.com/i/favicon.ico" sizes="16x16
24x24 32x32 48x48" />
<link rel="icon" type="image/x-icon" href="https://s2.wp.com/i/favicon.ico" sizes="16x16 24x24
32x32 48x48" />
<link rel="apple-touch-icon-precomposed" href="https://s0.wp.com/i/webclip.png" />
<link rel='openid.server' href='https://vatsilaki.wordpress.com/?openidserver=1' />
<link rel='openid.delegate' href='https://vatsilaki.wordpress.com/' />
<link rel="search" type="application/opensearchdescription+xml"
href="https://vatsilaki.wordpress.com/osd.xml" title="Πληροφορική : Εκπαιδευτικό υλικό &#38;
πολυμέσα" />
<link rel="search" type="application/opensearchdescription+xml"
href="https://wordpress.com/opensearch.xml" title="WordPress.com" />
<style type="text/css">.recentcomments a{display:inline !important;padding:0 !important;margin:0
!important;}</style>
<style type="text/css">
.recentcomments a {
```

```css
display: inline !important;
padding: 0 !important;
margin: 0 !important;
}
table.recentcommentsavatartop img.avatar, table.recentcommentsavatarend img.avatar {
border: 0px;
margin: 0;
}
table.recentcommentsavatartop a, table.recentcommentsavatarend a {
border: 0px !important;
background-color: transparent !important;
}
td.recentcommentsavatarend, td.recentcommentsavatartop {
padding: 0px 0px 1px 0px;
margin: 0px;
}
td.recentcommentstextend {
border: none !important;
padding: 0px 0px 2px 10px;
}
.rtl td.recentcommentstextend {
padding: 0px 10px 2px 0px;
}
td.recentcommentstexttop {
border: none;
padding: 0px 0px 0px 10px;
}
.rtl td.recentcommentstexttop {
padding: 0px 10px 0px 0px;
}
</style>
```

`<meta name="application-name" content="Πληροφορική : Εκπαιδευτικό υλικό & πολυμέσα" />``<meta name="msapplication-window" content="width=device-width;height=device-height" />``<meta name="msapplication-tooltip" content="Η ιστοσελίδα υλοποιείται στα πλαίσια της εκπόνησης Πτυχιακής Εργασίας για το πρόγραμμα σπουδών ΕΠΠΑΙΚ της ΑΣΠΑΙΤΕ στο παράρτημα Ιωαννίνων και για το σχολικό έτος 2014/15. Υπεύθυνοι της ανάπτυξης & υλοποίησης είναι οι Λάμπρος Βατσιλίδης & Βασιλική Βασιλάκη." />``<meta name="msapplication-task" content="name=Εγγραφή;action-uri=https://vatsilaki.wordpress.com/feed/;icon-uri=https://s2.wp.com/i/favicon.ico" />``<meta name="msapplication-task" content="name=Γραφτείτε για ένα δωρεάν ιστολόγιο;action-uri=http://wordpress.com/signup/;icon-uri=https://s2.wp.com/i/favicon.ico" />``<meta name="msapplication-task" content="name=WordPress.com Support;action-uri=http://support.wordpress.com/;icon-uri=https://s2.wp.com/i/favicon.ico" />``<meta name="msapplication-task" content="name=Φόρουμ του WordPress.com;action-uri=http://forums.wordpress.com/;icon-uri=https://s2.wp.com/i/favicon.ico" />``<meta name="title" content="Πληροφορική : Εκπαιδευτικό υλικό & πολυμέσα στο WordPress.com" />`

`<meta name="description" content="Η ιστοσελίδα υλοποιείται στα πλαίσια της εκπόνησης`

Πτυχιακής Εργασίας για το πρόγραμμα σπουδών ΕΠΠΑΙΚ της ΑΣΠΑΙΤΕ στο παράρτημα Ιωαννίνων και για το σχολικό έτος 2014/15. Υπεύθυνοι της ανάπτυξης & υλοποίησης είναι οι Λάμπρος Βατσιλίδης & Βασιλική Βασιλάκη." />

<style type="text/css" id="syntaxhighlighteranchor"></style>

</head>

<body class="blog mp6 customizer-styles-applied show-tagline highlander-enabled highlander-light infinite-scroll">

<div id="page" class="hfeed site">

<a class="skip-link screen-reader-text" href="#content">Skip to content</a>

<header id="masthead" class="site-header" role="banner">

<div class="top-content">

<div class="wrapper">

Η ιστοσελίδα φιλοξενεί εκπαιδευτικό υλικό και πολυμέσα με στόχο την εκμάθηση δεξιοτήτων Πληροφορικής </div>

</div><!-- .site-top-content -->

<div class="wrapper">

<div class="site-branding">

<h1 class="site-title"><a href="https://vatsilaki.wordpress.com/" rel="home">Πληροφορική : Εκπαιδευτικό υλικό & πολυμέσα</a></h1>

<h2 class="site-description">Η ιστοσελίδα υλοποιείται στα πλαίσια της εκπόνησης Πτυχιακής Εργασίας για το πρόγραμμα σπουδών ΕΠΠΑΙΚ της ΑΣΠΑΙΤΕ στο παράρτημα Ιωαννίνων και για το σχολικό έτος 2014/15. Υπεύθυνοι της ανάπτυξης & υλοποίησης είναι οι Λάμπρος Βατσιλίδης & Βασιλική Βασιλάκη.</h2>

</div>

<div class="header-image">

<a href="https://vatsilaki.wordpress.com/" rel="home">

<img src="https://vatsilaki.files.wordpress.com/2015/02/cropped-cs.jpg" width="780" height="155" alt="">

</a>

</div>

</div><!-- .wrapper -->

</header><!-- #masthead -->

<div id="content" class="site-content">

<div id="primary" class="content-area">

<main id="main" class="site-main" role="main">

<article id="post-51" class="post-51 post type-post status-publish format-standard hentry category-325861221">

<header class="entry-header">

<div class="entry-meta">

<span class="posted-on"><a href="https://vatsilaki.wordpress.com/2015/03/16/%ce%b5%ce%bd%cf%84%ce%bf%ce%bb%ce%ae-%ce%b5%cf%80%ce%b1%ce%bd%ce%ac%ce%bb%ce%b7%cf%88%ce%b7%cf%82-%ce%bc%ce%b5%cf%87%cf%81%ce%b9%cf%83-%ce%bf%cf%84%ce%bf%cf%85/" rel="bookmark"><time class="entry-date published updated" datetime="2015-03-16T23:21:04+00:00">16 Μαρτίου 2015</time></a></span> <span class="byline"><span class="author vcard"><a class="url fn n" href="https://vatsilaki.wordpress.com/author/vatsilidis/">vatsilidis</a></span></span> </div><!--

.entry-meta -->

<h1 class="entry-title"><a
href="https://vatsilaki.wordpress.com/2015/03/16/%ce%b5%ce%bd%cf%84%ce%bf%ce%bb%ce%ae
-%ce%b5%cf%80%ce%b1%ce%bd%ce%ac%ce%bb%ce%b7%cf%88%ce%b7%cf%82-
%ce%bc%ce%b5%cf%87%cf%81%ce%b9%cf%83-%ce%bf%cf%84%ce%bf%cf%85/"
rel="bookmark">Εντολή επανάληψης ΜΕΧΡΙΣ ΟΤΟΥ</a></h1> </header><!-- .entry-header -->

<div class="entry-content">

<p><a
href="http://prezi.com/4lhxo1c9qd77/?utm_campaign=share&utm_medium=copy&rc=ex
0share">ΕΔΩ</a> θα βρείτε την 4η προκαταρκτική διδασκαλία που έκανα στην ΑΣΠΑΙΤΕ στις
13/3/2015.</p>

<p>Αφορά την εκμάθηση της εντολή επανάληψης ΜΕΧΡΙΣ ΟΤΟΥ από το βιβλίο ΑΝΑΠΤΥΞΗ
ΕΦΑΡΜΟΓΩΝ ΣΕ ΠΡΟΓΡΑΜΜΑΤΙΣΤΙΚΟ ΠΕΡΙΒΑΛΛΟΝ (Γ΄Λυκείου) και έγινε με το πρόγραμμα
παρουσιάσεων PREZI.</p>

</div><!-- .entry-content -->

</article><!-- #post-## -->

<article id="post-42" class="post-42 post type-post status-publish format-standard hentry category-
168561">

<header class="entry-header">

<div class="entry-meta">

<span class="posted-on"><a
href="https://vatsilaki.wordpress.com/2015/03/15/%cf%80%ce%b5%ce%b9%cf%81%ce%b1%cf%84
%ce%b5%ce%af%ce%b1-
%ce%bb%ce%bf%ce%b3%ce%b9%cf%83%ce%bc%ce%b9%ce%ba%ce%bf%cf%8d/"
rel="bookmark"><time class="entry-date published updated" datetime="2015-03-
15T23:42:55+00:00">15 Μαρτίου 2015</time></a></span> <span class="byline"><span
class="author vcard"><a class="url fn n"
href="https://vatsilaki.wordpress.com/author/vatsilidis/">vatsilidis</a></span></span> </div><!--
.entry-meta -->

<h1 class="entry-title"><a
href="https://vatsilaki.wordpress.com/2015/03/15/%cf%80%ce%b5%ce%b9%cf%81%ce%b1%cf%84
%ce%b5%ce%af%ce%b1-
%ce%bb%ce%bf%ce%b3%ce%b9%cf%83%ce%bc%ce%b9%ce%ba%ce%bf%cf%8d/"
rel="bookmark">Πειρατεία Λογισμικού</a></h1> </header><!-- .entry-header -->

<div class="entry-content">

<div class="jetpack-video-wrapper"><span class='embed-youtube' style='text-align:center; display:
block;'><iframe class='youtube-player' type='text/html' width='700' height='424'
src='https://www.youtube.com/embed/videoseries?list=PLDE7FFCF7370DEC36&#038;hl=en_US'
frameborder='0' allowfullscreen='true'></iframe></span></div>

</div><!-- .entry-content -->

</article><!-- #post-## -->

<article id="post-40" class="post-40 post type-post status-publish format-standard hentry category-
168561">

<header class="entry-header">

<div class="entry-meta">

<span class="posted-on"><a
href="https://vatsilaki.wordpress.com/2015/03/15/%cf%80%cf%81%ce%bf%cf%83%cf%84%ce%b1%
cf%83%ce%af%ce%b1-
%ce%bb%ce%bf%ce%b3%ce%b9%cf%83%ce%bc%ce%b9%ce%ba%ce%bf%cf%8d-

%ce%ba%ce%b1%ce%b9-%ce%b9%ce%bf%ce%af/" rel="bookmark"><time class="entry-date
published updated" datetime="2015-03-15T23:42:14+00:00">15 Μαρτίου 2015</time></a></span>
<span class="byline"><span class="author vcard"><a class="url fn n"
href="https://vatsilaki.wordpress.com/author/vatsilidis/">vatsilidis</a></span></span> </div><!--
.entry-meta -->

<h1 class="entry-title"><a
href="https://vatsilaki.wordpress.com/2015/03/15/%cf%80%cf%81%ce%bf%cf%83%cf%84%ce%b1%
cf%83%ce%af%ce%b1-
%ce%bb%ce%bf%ce%b3%ce%b9%cf%83%ce%bc%ce%b9%ce%ba%ce%bf%cf%8d-
%ce%ba%ce%b1%ce%b9-%ce%b9%ce%bf%ce%af/" rel="bookmark">Προστασία Λογισμικού
και λοί</a></h1> </header><!-- .entry-header -->

<div class="entry-content">
<div class="jetpack-video-wrapper"><span class='embed-youtube' style='text-align:center; display:
block;'><iframe class='youtube-player' type='text/html' width='700' height='424'
src='https://www.youtube.com/embed/videoseries?list=PLDE7FFCF7370DEC36&hl=en_US'
frameborder='0' allowfullscreen='true'></iframe></span></div>
</div><!-- .entry-content -->
</article><!-- #post-## -->

<article id="post-38" class="post-38 post type-post status-publish format-standard hentry category-
168561">

<header class="entry-header">
<div class="entry-meta">
<span class="posted-on"><a href="https://vatsilaki.wordpress.com/2015/03/15/%cf%84%ce%bf-
%cf%85%ce%bb%ce%b9%ce%ba%cf%8c-%cf%84%ce%bf%cf%85-
%cf%85%cf%80%ce%bf%ce%bb%ce%bf%ce%b3%ce%b9%cf%83%cf%84%ce%ae/"
rel="bookmark"><time class="entry-date published updated" datetime="2015-03-
15T23:40:54+00:00">15 Μαρτίου 2015</time></a></span> <span class="byline"><span
class="author vcard"><a class="url fn n"
href="https://vatsilaki.wordpress.com/author/vatsilidis/">vatsilidis</a></span></span> </div><!--
.entry-meta -->

<h1 class="entry-title"><a href="https://vatsilaki.wordpress.com/2015/03/15/%cf%84%ce%bf-
%cf%85%ce%bb%ce%b9%ce%ba%cf%8c-%cf%84%ce%bf%cf%85-
%cf%85%cf%80%ce%bf%ce%bb%ce%bf%ce%b3%ce%b9%cf%83%cf%84%ce%ae/"
rel="bookmark">Το υλικό του υπολογιστή</a></h1> </header><!-- .entry-header -->

<div class="entry-content">
<div class="jetpack-video-wrapper"><span class='embed-youtube' style='text-align:center; display:
block;'><iframe class='youtube-player' type='text/html' width='700' height='424'
src='https://www.youtube.com/embed/videoseries?list=PLDE7FFCF7370DEC36&hl=en_US'
frameborder='0' allowfullscreen='true'></iframe></span></div>
</div><!-- .entry-content -->
</article><!-- #post-## -->

<article id="post-36" class="post-36 post type-post status-publish format-standard hentry category-
168561">

<header class="entry-header">
<div class="entry-meta">
<span class="posted-on"><a
href="https://vatsilaki.wordpress.com/2015/03/15/%ce%b2%ce%b1%cf%83%ce%b9%ce%ba%ce%ad
%cf%82-e%ce%bd%ce%bd%ce%bf%ce%b9%ce%b5%cf%82-%cf%84%ce%b7%cf%82-
%cf%80%ce%bb%ce%b7%cf%81%ce%bf%cf%86%ce%bf%cf%81%ce%b9%ce%ba%ce%ae%cf%82/"

```
rel="bookmark"><time class="entry-date published updated" datetime="2015-03-
15T23:40:05+00:00">15 Μαρτίου 2015</time></a></span> <span class="byline"><span
class="author vcard"><a class="url fn n"
href="https://vatsilaki.wordpress.com/author/vatsilidis/">vatsilidis</a></span></span> </div><!--
.entry-meta -->

<h1 class="entry-title"><a
href="https://vatsilaki.wordpress.com/2015/03/15/%ce%b2%ce%b1%cf%83%ce%b9%ce%ba%ce%ad
%cf%82-e%ce%bd%ce%bd%ce%bf%ce%b9%ce%b5%cf%82-%cf%84%ce%b7%cf%82-
%cf%80%ce%bb%ce%b7%cf%81%ce%bf%cf%86%ce%bf%cf%81%ce%b9%ce%ba%ce%ae%cf%82/"
rel="bookmark">Βασικές Εννοιες της Πληροφορικής</a></h1> </header><!-- .entry-header --
>

<div class="entry-content">
<div class="jetpack-video-wrapper"><span class='embed-youtube' style='text-align:center; display:
block;'><iframe class='youtube-player' type='text/html' width='700' height='424'
src='https://www.youtube.com/embed/videoseries?list=PLDE7FFCF7370DEC36&#038;hl=en_US'
frameborder='0' allowfullscreen='true'></iframe></span></div>
</div><!-- .entry-content -->
</article><!-- #post-## -->

<article id="post-34" class="post-34 post type-post status-publish format-standard hentry category-
1075976">
<header class="entry-header">
<div class="entry-meta">
<span class="posted-on"><a
href="https://vatsilaki.wordpress.com/2015/03/15/%ce%b4%ce%b9%ce%b4%ce%b1%ce%ba%cf%84
%ce%b9%ce%ba%cf%8c-%cf%85%ce%bb%ce%b9%ce%ba%cf%8c-2/" rel="bookmark"><time
class="entry-date published updated" datetime="2015-03-15T23:36:17+00:00">15 Μαρτίου
2015</time></a></span> <span class="byline"><span class="author vcard"><a class="url fn n"
href="https://vatsilaki.wordpress.com/author/vatsilidis/">vatsilidis</a></span></span> </div><!--
.entry-meta -->

<h1 class="entry-title"><a
href="https://vatsilaki.wordpress.com/2015/03/15/%ce%b4%ce%b9%ce%b4%ce%b1%ce%ba%cf%84
%ce%b9%ce%ba%cf%8c-%cf%85%ce%bb%ce%b9%ce%ba%cf%8c-2/" rel="bookmark">Διδακτικό
Υλικό</a></h1> </header><!-- .entry-header -->
<div class="entry-content">
<p><a
href="http://econtent.schools.ac.cy/mesi/pliroforiki/didaktiko_yliko/b_gymnasiou/cs_b_gym_works
heets_20130430.pdf">Τετράδιο </a>(Φύλλα Εργασίας) B&#8217; Γυμνασίου B&#8217; Έκδοση
(2013)</p>
</div><!-- .entry-content -->
</article><!-- #post-## -->

<article id="post-32" class="post-32 post type-post status-publish format-standard hentry category-
1075976">
<header class="entry-header">
<div class="entry-meta">
<span class="posted-on"><a
href="https://vatsilaki.wordpress.com/2015/03/15/%ce%b4%ce%b9%ce%b4%ce%b1%ce%ba%cf%84
%ce%b9%ce%ba%cf%8c-%cf%85%ce%bb%ce%b9%ce%ba%cf%8c/" rel="bookmark"><time
class="entry-date published updated" datetime="2015-03-15T23:35:33+00:00">15 Μαρτίου
2015</time></a></span> <span class="byline"><span class="author vcard"><a class="url fn n"
```

href="https://vatsilaki.wordpress.com/author/vatsilidis/">vatsilidis</a></span></span> </div><!--
.entry-meta -->

<h1 class="entry-title"><a
href="https://vatsilaki.wordpress.com/2015/03/15/%ce%b4%ce%b9%ce%b4%ce%b1%ce%ba%cf%84
%ce%b9%ce%ba%cf%8c-%cf%85%ce%bb%ce%b9%ce%ba%cf%8c/" rel="bookmark">Διδακτικό
Υλικό</a></h1> </header><!-- .entry-header -->

<div class="entry-content">
<p><a title="Υλικό για μαθητές/τριες"
href="https://vatsilaki.wordpress.com/2015/03/15/%cf%85%ce%bb%ce%b9%ce%ba%cf%8c-
%ce%b3%ce%b9%ce%b1-
%ce%bc%ce%b1%ce%b8%ce%b7%cf%84%ce%ad%cf%82%cf%84%cf%81%ce%b9%ce%b5%cf%82/">Σ
ημειώσεις </a>B’ Γυμνασίου B’ Έκδοση (2013)</p>
</div><!-- .entry-content -->
</article><!-- #post-## -->

<article id="post-29" class="post-29 post type-post status-publish format-standard hentry category-
168561">

<header class="entry-header">
<div class="entry-meta">
<span class="posted-on"><a
href="https://vatsilaki.wordpress.com/2015/03/15/%ce%b5%cf%80%ce%b9%ce%ba%ce%bf%ce%b9
%ce%bd%cf%89%ce%bd%ce%ae%cf%83%cf%84%ce%b5-%ce%bc%ce%b1%ce%b6%ce%af-
%ce%bc%ce%bf%cf%85/" rel="bookmark"><time class="entry-date published updated"
datetime="2015-03-15T23:33:05+00:00">15 Μαρτίου 2015</time></a></span> <span
class="byline"><span class="author vcard"><a class="url fn n"
href="https://vatsilaki.wordpress.com/author/vatsilidis/">vatsilidis</a></span></span> </div><!--
.entry-meta -->

<h1 class="entry-title"><a
href="https://vatsilaki.wordpress.com/2015/03/15/%ce%b5%cf%80%ce%b9%ce%ba%ce%bf%ce%b9
%ce%bd%cf%89%ce%bd%ce%ae%cf%83%cf%84%ce%b5-%ce%bc%ce%b1%ce%b6%ce%af-
%ce%bc%ce%bf%cf%85/" rel="bookmark">Επικοινωνήστε μαζί μου</a></h1> </header><!-- .entry-
header -->

<div class="entry-content">
<div id='contact-form-29'>
<form
action='https://vatsilaki.wordpress.com/2015/03/15/%ce%b5%cf%80%ce%b9%ce%ba%ce%bf%ce%b
9%ce%bd%cf%89%ce%bd%ce%ae%cf%83%cf%84%ce%b5-%ce%bc%ce%b1%ce%b6%ce%af-
%ce%bc%ce%bf%cf%85/#contact-form-29' method='post' class='contact-form commentsblock'>

<div>
<label for='g29' class='grunion-field-label name'>Όνομα<span>(απαιτείται)</span></label>
<input type='text' name='g29' id='g29' value='' class='name' required aria-required='true'/>
</div>

<div>
<label for='g29-email' class='grunion-field-label email'>Email<span>(απαιτείται)</span></label>
<input type='email' name='g29-email' id='g29-email' value='' class='email' required aria-
required='true'/>
</div>

<div>
<label for='g29-1' class='grunion-field-label url'>Ιστότοπος</label>

```
<input type='text' name='g29-1' id='g29-1' value='' class='url' />
</div>

<div>
<label for='contact-form-comment-g29-2' class='grunion-field-label
textarea'>Σχόλιο<span>(απαιτείται)</span></label>
<textarea name='g29-2' id='contact-form-comment-g29-2' rows='20' required aria-
required='true'></textarea>
</div>
<p class='contact-submit'>
<input type='submit' value='Αποστολή &#187;' class='pushbutton-wide'/>
<input type='hidden' name='contact-form-id' value='29' />
<input type='hidden' name='action' value='grunion-contact-form' />
</p>
</form>
</div>
</div><!-- .entry-content -->
</article><!-- #post-## -->

<article id="post-27" class="post-27 post type-post status-publish format-standard hentry category-
1075976">

<header class="entry-header">
<div class="entry-meta">
<span class="posted-on"><a
href="https://vatsilaki.wordpress.com/2015/03/15/%cf%85%ce%bb%ce%b9%ce%ba%cf%8c-
%ce%b3%ce%b9%ce%b1-
%ce%bc%ce%b1%ce%b8%ce%b7%cf%84%ce%ad%cf%82%cf%84%cf%81%ce%b9%ce%b5%cf%82/"
rel="bookmark"><time class="entry-date published updated" datetime="2015-03-
15T23:31:50+00:00">15 Μαρτίου 2015</time></a></span> <span class="byline"><span
class="author vcard"><a class="url fn n"
href="https://vatsilaki.wordpress.com/author/vatsilidis/">vatsilidis</a></span></span> </div><!--
.entry-meta -->

<h1 class="entry-title"><a
href="https://vatsilaki.wordpress.com/2015/03/15/%cf%85%ce%bb%ce%b9%ce%ba%cf%8c-
%ce%b3%ce%b9%ce%b1-
%ce%bc%ce%b1%ce%b8%ce%b7%cf%84%ce%ad%cf%82%cf%84%cf%81%ce%b9%ce%b5%cf%82/"
rel="bookmark">Υλικό για μαθητές/τριες</a></h1> </header><!-- .entry-header -->

<div class="entry-content">
<p><a
href="http://econtent.schools.ac.cy/mesi/pliroforiki/didaktiko_yliko/a_gymnasiou/yliko_a_gym_stu
dents_20130901.zip">Υλικό </a>για μαθητές/τριες (για τα δειγματικά φύλλα εργασίας για όλες τις
ενότητες της Α&#8217; Γυμνασίου)</p>
</div><!-- .entry-content -->
</article><!-- #post-## -->

<article id="post-25" class="post-25 post type-post status-publish format-standard hentry category-
25942279">
<header class="entry-header">
<div class="entry-meta">
<span class="posted-on"><a
```

href="https://vatsilaki.wordpress.com/2015/03/15/%cf%86%cf%8d%ce%bb%ce%bb%ce%b1-%ce%b5%cf%81%ce%b3%ce%b1%cf%83%ce%af%ce%b1%cf%82/" rel="bookmark"><time class="entry-date published updated" datetime="2015-03-15T23:30:51+00:00">15 Μαρτίου 2015</time></a></span> <span class="byline"><span class="author vcard"><a class="url fn n" href="https://vatsilaki.wordpress.com/author/vatsilidis/">vatsilidis</a></span></span> </div><!--.entry-meta -->

<h1 class="entry-title"><a href="https://vatsilaki.wordpress.com/2015/03/15/%cf%86%cf%8d%ce%bb%ce%bb%ce%b1-%ce%b5%cf%81%ce%b3%ce%b1%cf%83%ce%af%ce%b1%cf%82/" rel="bookmark">Φύλλα Εργασίας</a></h1> </header><!-- .entry-header -->

<div class="entry-content">
<p><a href="http://econtent.schools.ac.cy/mesi/pliroforiki/didaktiko_yliko/a_gymnasiou/cs_a_gym_works heets_20130430.pdf">Τετράδιο </a>A’ Γυμνασίου B’ Έκδοση (2013)</p>
</div><!-- .entry-content -->
</article><!-- #post-## -->

<nav class="navigation paging-navigation" role="navigation">
<h1 class="screen-reader-text">Πλοήγηση δημοσιεύσεων</h1>
<div class="nav-links">

<div class="nav-previous">
<a href="https://vatsilaki.wordpress.com/page/2/" ><span class="meta-nav">←</span> Παλαιότερα άρθρα</a> </div>

</div><!-- .nav-links -->
</nav><!-- .navigation -->

</main><!-- #main -->
</div><!-- #primary -->

   }
   }
   </script>
   </body>
</html>

ΤΕΛΟΣ ΠΗΓΑΙΟΥ ΚΩΔΙΚΑ

Βιβλιογραφικές αναφορές

Brian Patrick: *How To Create A Website Using Wordpress: The Beginner's Blueprint to creating a website or blog in less than 60 minutes.*
https://books.google.gr/books?id=QITCAwAAQBAJ&printsec=frontcover&hl=el#v=on epage&q&f=false.

Meg Husse: *Wordpress in 12 Easy Steps: How to Build Website with WordPress On Your Own Domain.*
https://books.google.gr/books?id=MUYYAgAAQBAJ&printsec=frontcover&dq=build+ a+WORDPRESS+website&hl=el&sa=X&ei=v7RXVZX0DoGMsAG-
6YHADA&ved=0CDgQ6AEwAQ#v=onepage&q=build%20a%20WORDPRESS%20websit e&f=false.

James J. Burton: *WordPress for Beginners: A Step by Step Guide - Build a Site within Minutes.*
https://books.google.gr/books?id=aXmmBgAAQBAJ&pg=PA14&dq=build+a+WORDP RESS+website&hl=el&sa=X&ei=v7RXVZX0DoGMsAG-
6YHADA&ved=0CEYQ6AEwAw#v=onepage&q=build%20a%20WORDPRESS%20websit e&f=false.

Alannah Moore: *Create Your Own Website Using WordPress in a Weekend.*
https://books.google.gr/books?id=-
T2KR8xbd1QC&pg=PA61&dq=build+a+WORDPRESS+website&hl=el&sa=X&ei=v7RXV ZX0DoGMsAG-
6YHADA&ved=0CE4Q6AEwBA#v=onepage&q=build%20a%20WORDPRESS%20websit e&f=false.

Jesse Friedman:*Web Designer's Guide to WordPress: Plan, Theme, Build, Launch.*
https://books.google.gr/books?id=nodJXQ8n4lEC&printsec=frontcover&dq=build+a+ WORDPRESS+website&hl=el&sa=X&ei=v7RXVZX0DoGMsAG-
6YHADA&ved=0CGkQ6AEwCA#v=onepage&q=build%20a%20WORDPRESS%20websit e&f=false.

http://en.wikipedia.org/wiki/WordPress.com

http://en.wikipedia.org/wiki/Automattic

https://prezi.com/

http://el.wikipedia.org/wiki/%CE%99%CF%83%CF%84%CE%BF%CF%83%CE%B5%CE%B
B%CE%AF%CE%B4%CE%B1

http://en.wikipedia.org/wiki/Web_page Andrew S. Tanenbaum, Δίκτυα Υπολογιστών.
Τέταρτη Αμερικάνικη Έκδοση. Εκδόσεις Κλειδάριθμος.

http://www.webandart.gr/articles/web-design/dynamic-website.html

http://el.wikipedia.org/wiki/Web_browser

_

http://el.wikipedia.org/wiki/%CE%A6%CE%B9%CE%BB%CE%BF%CE%BE%CE%B5%CE
%BD%CE%AF%CE%B1_%CE%B9%CF%83%CF%84%CE%BF%CF%83%CE%B5%CE%BB%
CE%AF%CE%B4%CF%89%CE%BD

http://el.wikipedia.org/wiki/%CE%8C%CE%BD%CE%BF%CE%BC%CE%B1_%CF%84%CE%
BF%CE%BC%CE%AD%CE%B1

http://el.wikipedia.org/wiki/Domain_Name_System

http://en.wikipedia.org/wiki/Web_server

https://priwac.com/apache-web-server/

http://el.wikipedia.org/wiki/Apache_HTTP_%CE%B5%CE%BE%CF%85%CF%80%CE%B7
%CF%81%CE%B5%CF%84%CE%B7%CF%84%CE%AE%CF%82

http://en.wikipedia.org/wiki/Apache_HTTP_Server

YOUR KNOWLEDGE HAS VALUE

- We will publish your bachelor's and master's thesis, essays and papers

- Your own eBook and book -
  sold worldwide in all relevant shops

- Earn money with each sale

Upload your text at www.GRIN.com
and publish for free

www.ingramcontent.com/pod-product-compliance
Lightning Source LLC
LaVergne TN
LVHW042304060326

832902LV00009B/1255